Willkommen in der Welt der schrecklich niedlichen Monster!

Dieses einzigartige Malbuch ist Ihr Tor zu einem Universum, in dem das Gruselige auf das Niedliche trifft und in dem jeder Strich Ihrer Stifte eine neue Geschichte erzählt. Entworfen für Jugendliche und Erwachsene gleichermaßen, bietet es Ihnen die perfekte Mischung aus Humor, Leichtigkeit und einer Prise Abenteuer.

Malen ist mehr als nur ein kreativer Zeitvertreib; es ist eine Reise in Ihr Inneres, ein Weg, um Achtsamkeit und Entspannung in Ihrem Alltag zu fördern. Jede Seite dieses Buches lädt Sie dazu ein, dem Stress zu entfliehen und Ihren Geist in die Freiheit der Farben und Formen zu entlassen.

Entdecken Sie Monster, die Sie zum Lächeln bringen, zum Nachdenken anregen und manchmal sogar ein wenig erschrecken. Unsere schrecklich niedlichen Kreaturen sind eine bunte Mischung aus allem, was das Herz begehrt: von verspielt bis leicht gruselig, von absurd bis hinreißend. Es gibt hier kein richtig oder falsch; es geht nur um Ihren persönlichen Ausdruck und die Freude am Erschaffen.

Dieses Buch ist mehr als nur ein Malbuch – es ist ein Werkzeug, um Ihre Kreativität zu beflügeln und eine Quelle der Ruhe in einer oft hektischen Welt. Nehmen Sie sich einen Moment Zeit, tauchen Sie in die Seiten ein und erleben Sie, wie die schrecklich niedlichen Monster zum Leben erweckt werden.

Machen Sie sich bereit, Ihre Farbstifte zu zücken und sich auf eine malerische Entdeckungsreise zu begeben. Denn in der Welt der schrecklich niedlichen Monster ist jede Seite ein Abenteuer für sich.

Beginnen Sie Ihr kreatives Abenteuer heute – mit jedem Strich, jeder Farbe und jedem schrecklich niedlichen Monster!

Meistern Sie die Kunst des Ausmalens: Tipps und Tricks für ein beeindruckendes Farberlebnis

Ausmalen ist nicht nur eine entspannende und kreative Tätigkeit, sondern auch eine Möglichkeit, sich künstlerisch auszudrücken. Egal, ob Sie gerade erst beginnen oder Ihre Fähigkeiten weiterentwickeln möchten, hier sind einige Tipps und Tricks, die Ihr Ausmalerlebnis bereichern werden:

Wählen Sie die richtigen Werkzeuge: Experimentieren Sie mit verschiedenen Stiften, Markern und Farben. Jedes Medium hat seine Besonderheiten – Buntstifte eignen sich hervorragend für feine Details, während Marker leuchtende Farben und klare Linien bieten. Aquarellstifte können für fließende, weiche Übergänge verwendet werden.

Druckanpassung: Die Intensität der Farbe kann durch den Druck, den Sie auf den Stift ausüben, verändert werden. Leichter Druck erzeugt sanftere Töne, während stärkerer Druck intensivere Farben hervorbringt.

Farbtheorie verstehen: Ein grundlegendes Verständnis von Farbharmonien kann Ihr Ausmalen auf ein neues Niveau heben. Experimentieren Sie mit komplementären Farben oder wählen Sie eine monochrome Palette für einen künstlerischen Effekt.

Schattierung und Mischtechniken: Üben Sie, Farben zu schattieren und zu mischen, um Tiefe und Realismus zu erzeugen. Durch Überlagern von Farben können Sie beeindruckende Effekte erzielen.

Planen Sie Ihr Farbschema: Bevor Sie mit dem Ausmalen beginnen, planen Sie Ihre Farben. Entscheiden Sie, wo helle und dunkle Töne platziert werden sollen, um den Bildern mehr Dimension zu verleihen.

Keine Angst vor Fehlern: Fehler sind Teil des Lernprozesses. Sie können immer übermalen oder Fehler als Teil Ihres künstlerischen Ausdrucks ansehen.

Pausen einlegen: Nehmen Sie sich Zeit und machen Sie Pausen, um Ihre Augen und Hände zu entspannen. Ausmalen sollte kein Wettlauf sein, genießen Sie den Prozess.

Inspiration finden: Lassen Sie sich von der Natur, Kunst oder sogar von Alltagsgegenständen inspirieren. Seien Sie offen für neue Ideen und Techniken.

Teilen Sie Ihre Kunst: Zögern Sie nicht, Ihre Werke mit Freunden oder in Online-Communitys zu teilen. Feedback und Inspiration von anderen können sehr motivierend sein.

Entspannen und genießen: Denken Sie daran, dass Ausmalen vor allem Spaß machen und entspannen soll. Es gibt keine "falsche" Art zu malen – es ist Ihre persönliche kreative Reise.

Mit diesen Tipps und Tricks sind Sie gut ausgerüstet, um Ihre Ausmalprojekte zu starten und Ihr Talent voll auszuschöpfen. Viel Spaß beim Malen!

Farbtestseite

Bevor Sie in die Welt des Ausmalens eintauchen, nehmen Sie sich einen Moment Zeit, um hier Ihre Farben zu testen. Diese Seite ist Ihr persönliches Experimentierfeld, auf dem Sie sehen können, wie Ihre Stifte und Marker auf dem Papier wirken.

Wilmas books wird vertreten durch:

Niklas Kerwien

Neustadt 1

38729 Langelsheim

N.Kerwien@gmx.net

Printed in France by Amazon
Brétigny-sur-Orge, FR